AF561138

Alexandre BOIRON

1859-1889

Léonce VILTART

Alexandre BOIRON

ARTISTE PEINTRE

1859-1889

NOTICE RÉCOMPENSÉE PAR L'ACADÉMIE D'ARRAS

PRÉFACE

PAR

Jules BRETON

Membre de l'Institut.

Portrait par Jenny Fontaine

ARRAS
SUEUR-CHARRUEY
Imprimeur - Libraire - Editeur
Petite-Place, 20 et 22
1889

PREFACE

L'auteur de la notice que l'on va lire a fait une œuvre pieuse en consacrant son talent d'écrivain à faire revivre, pour les générations futures, la touchante figure du jeune artiste hélas ! sitôt arraché à notre affection et qui a emporté avec lui tant de promesses.

Je ne doute pas de l'intérêt que les lecteurs apporteront à ces pages vraies, simples et émues.

Boiron était digne de cet honneur. C'est

surtout depuis qu'il n'est plus que l'on comprend sa valeur réelle.

Il faisait si peu de bruit, ce travailleur plein de modeste dignité et ennemi de toute réclame. Timide, il s'effaçait partout, ne gardant sa flamme et son énergie que pour l'étude.

Il y a à peine un an, je montais l'escalier de l'Ecole des Beaux-Arts pour me rendre au jugement d'un concours, lorsque j'entendis appeler mon nom par une voix qu'altérait la douleur. C'était un de ses camarades qui me dit aussitôt, avec des larmes dans les yeux : « Boiron est mort subitement. »

A la nouvelle de ces brusques coups du sort, on reste interdit et on se refuse à comprendre......

Quoi de plus terrible que la foudroyante destruction d'un jeune être promis à la gloire et qui, hier encore, se livrait avec une joyeuse ardeur à l'espoir et à l'ivresse qui accompagnent les créations des artistes !

Il travaillait aux concours préparatoires pour le prix de Rome.

J'annonçai ce malheur imprévu à mes confrères réunis en jury dans la Salle des Copies *et ils furent comme moi consternés.*

« Le pauvre garçon ! s'écria Bonnat, son professeur d'atelier, c'est sur lui que je comptais le plus pour le Grand Prix ! »

Et l'on comprit alors toute la place qu'il occupait dans l'école, sinon comme résultat, du moins comme espérance.

Et tous ceux qui le connaissaient firent l'éloge non seulement des qualités de l'artiste, mais aussi du caractère de l'homme.

Ce n'est pas que, de son vivant, le jury de l'Exposition niât ces qualités ; mais il disait, et c'est peut-être ce qui l'excuse, il disait : « Il a le temps ! »

On lui croyait tant d'années devant lui ! Ne fallait-il pas aller au plus pressé ? Il y a beaucoup de vieux lutteurs depuis longtemps dans l'arène.

C'est ainsi qu'il n'avait pas encore obtenu cette médaille qu'il méritait si bien et pour laquelle je l'avais instamment proposé.

Il avait le temps ! Hélas ! On a vu le contraire !

Mais je ne crois pas, comme M. Viltart l'insinue, que cette déception ait avancé sa fin en l'abreuvant d'amertume.

Presque tous les jeunes artistes passent par là et la lutte, en somme, leur est souvent salutaire.

D'ailleurs, Boiron devait savoir qu'il ne tarderait pas à sortir victorieux. Nous lui en avions donné l'assurance. Tous avaient même regretté le hasard d'un scrutin qui, faute d'une ou deux voix, ne l'avait pas récompensé.

Aussi, au dernier Salon, en voyant cette Fète du Grand'Père *inachevée, mais où il y a déjà un si grand sentiment et une si grande puissance de couleur, tous étaient attristés, j'en ai été témoin, de ne pouvoir plus lui donner que des éloges.*

Pauvre Boiron ! Tu aurais eu pourtant un moment de joie si, même de ta tombe, tu avais pu entendre ce que nous disions, surtout devant le superbe paysage de ton tableau !

Je crois le voir encore, ce pauvre Boiron, si modeste, si tranquille en apparence et si âpre au labeur !

La première fois qu'il vint à mon atelier, présenté par mon frère Emile, il ne dit presque rien et c'est à peine s'il osait regarder mes tableaux.

Lorsqu'il fut parti, comme j'interprêtais à son désavantage son extrême réserve, Emile me dit : « Ne t'y trompes pas, tu verras plus tard. »

Et je compris plus tard que cette extrême réserve était pure discrétion, timidité et modestie.

Il ne se familiarisait que peu à peu et ne laissait pas d'abord deviner son âme enthousiaste ni la chaleur de son cœur aimant.

Que de fois mon frère m'a répété ! « Il se tuera, il travaille trop ! »

En effet, ce ne sont pas les déboires qui ont amené la mort de Boiron, c'est bien plutôt son ardeur infatigable au travail qui l'a dévoré.

Puissent les quelques toiles qu'il laisse et la Notice que lui consacre M. Viltart conserver, à Lens du moins et dans notre Artois, la mémoire de ce jeune peintre qui semblait destiné à illustrer son pays natal !

N'est-ce pas qu'il doit être intéressant le

récit de la vie si courte, si tranquille en apparence, si agitée au fond, si pleine des tressaillements du travail inspiré et des désenchantements de la lutte ardue, de la vie si subitement et si cruellement brisée de ce jeune homme aimé des Muses.

C'est ce récit que M. Viltart va mettre sous les yeux du lecteur à qui il ne tardera pas à faire partager l'émotion que dégage sa plume simple et attendrie.

JULES BRETON.

Courrières, Août 1889.

P.-S. Au dernier moment, Monsieur Viltart nous communique un très heureux portrait de Boiron où nous retrouvons bien, en même temps que la ressemblance des traits, l'expression morale de ce charmant et vigoureux peintre. Nos meilleures félicitations à Mademoiselle Jenny Fontaine, la jeune et sympathique artiste, qui l'a dessiné d'une main ferme et émue. J. B.

Alexandre Emile Boiron est né à Lens (Pas-de-Calais), le 26 mai 1859, de Emile Boiron et de Juliette Liénard, dont il fut l'unique enfant.

Il y a, depuis longtemps, des Boiron à Lens, et cette famille estimée a compté déjà parmi ses membres, par alliance, mais les plus respectés et les plus chers, un artiste d'un vrai mérite et d'une notoriété plus que locale.

Le 26 juin 1809, une dame Jeanne-Marie Moreau, veuve de Alexandre-Eugène-Joseph Boiron, épousait à Lens un sieur Delaville Louis « sculpteur, premier médailliste des écoles spéciales des Beaux-Arts de France et ancien pensionnaire de l'Ecole de Rome, » aux termes de l'acte de mariage.

Le dictionnaire des artistes de l'Ecole française, par Bellier de la Chavignerie, apprend que : « Delaville Louis, sculpteur français, » remporta le prix de Rome, en 1798. Le sujet du concours était : *Marcellus faisant embarquer tous les monuments d'art de Syracuse.*

Avant son second mariage, madame veuve Boiron habitait à Lens, avec son fils, Louis-Eugène Boiron, qui était fabricant de pannes ; après, il n'y eut qu'un habitant de plus dans la maison.

Le sculpteur avait sous la main de la terre glaise, des fours pour la cuire et, de 1810 à 1835, créa tout un monde, antique et moderne, dieux et demi-dieux, héros de la fable et de l'histoire, gens de la noblesse et du commun, bourgeois, soldats, paysans et manants, groupes, statuettes, médaillons, connus sous le nom de *terres cuites de Lens*.

Les types populaires étaient de vente facile ; aussi Delaville en fit-il un grand nombre. Il a répété à l'infini, avec des variantes, ses inventions les plus amusantes, notamment *le bon* et *le mauvais ménage* qui comportent, chacun, deux pendants.

Dans le paradis conjugal, d'un côté, le mari fume béatement sa pipe ; de l'autre, la femme donne la bouillie à son poupon. Le chien et le chat reposent aux pieds des personnages. Dans l'enfer, monsieur et madame brandissent des outils, des ustensiles de ménage. Le chat et le chien, hérissés, se menacent.

Ces sujets et tant d'autres eurent grande vogue, furent très recherchés et, outre un réel intérêt de composition et de facture, offrent, au point de vue du costume et de la vie intime au commencement du siècle, un intérêt sans cesse grandissant.

Louis Delaville mourut, à Lens, le 1er janvier 1841. Son œuvre n'a pas encore été l'objet d'un travail d'ensemble. En Artois, il est vrai, on ne savait guère que le modeleur populaire était premier médailliste des Ecoles spéciales des Beaux-Arts de France et ancien pensionnaire de l'Ecole de Rome ; à Paris, autant qu'à Rome, on ignore toujours ce qu'est devenu le grand prix de 1798.

L'art rayonne ; le moindre artiste tient école dans son entourage et fait souche d'une suite de personnes de goût, sinon d'artistes même.

Louis-Eugène Boiron qui, trente ans, vécut sous le même toit que papa Delaville, comme toute la famille disait, était dessinateur, sculpteur, musicien, reputé pour tel, de plus joyeux boute-en-train, et le grand organisateur de toutes les fêtes locales. De ses deux fils l'un, Emile, peintre, photographe, très épris d'art, s'est toujours distingué par une adresse et une habileté peu communes. Son petit-fils fut Alexandre Boiron.

Boiron naquit, semble-t-il, un crayon à la main. Dès son enfance, son suprême plaisir était d'entasser croquis sur croquis et de tenter des portraits. Ses parents, volontiers, le laissaient faire et, plus volontiers encore, surenchérissaient sur les éloges que se décernait le dessinateur enthousiaste. Il est si gentil l'enfant sage qui, tranquillement assis, griffonne sur une table et ne fait pas de bruit.

A dix ans, Boiron entrait comme interne au collège St-Jean, à Douai ; mais tout de suite, plus que le grec et le latin, malgré tous leurs charmes, l'intéressa le cours d'un bon professeur de dessin, M. Sellier. L'écolier, doué d'une merveilleuse sûreté d'œil et de main, resta, pendant cinq ans, le plus aimé et le premier de ses élèves.

Il y a, dans les principales villes du Nord, des écoles publiques de dessin et de modelure, ou écoles académiques, qui jouissent d'un renom justifié et qui, toutes, s'enorgueillissent d'avoir vu sur leurs bancs de grands artistes. Les écoles de Lille revendiquent Carolus Duran, Léon Comerre, Alphonse Cordonnier ; celles d'Arras, Daverdoingt ; celles de St-Omer, Louis Noël ; celles de Valenciennes, Alphonse et Eugène Chigot, Hiolle, Léon Fagel, et, par dessus tous, Carpeaux. Les écoles de Douai peuvent revendiquer Boiron qui les fréquenta de 1874 à 1878.

Trop courtes assurément furent ces années, non exemptes de chagrins et de peines, (il n'en est pas, même pour l'écolier), mais pleines de succès, de rêves et d'espérances. M. Boiron qui avait eu la douleur de perdre sa femme, était venu se fixer auprès de son fils. Celui-ci, dans la journée, suivait les classes du collège et, le soir, étudiait sous la direction d'un véritable artiste, M. Constant Petit. Si, d'un côté, il demeurait un humaniste médiocre et sans conviction, de l'autre, laborieux, appliqué, il devenait un habile dessinateur souvent récompensé. En 1876, trois médailles d'argent grand module lui étaient décernées ; en 1877, la grande médaille d'or. « *Tu Marcellus eris* » retentit, sans aucun doute, à ses oreilles, le jour où il reçut cette suprême récompense.

Boiron n'avait nul besoin d'être poussé

dans la voie qui s'ouvrait devant lui ; depuis longtemps son unique ambition était d'être un artiste comme papa Delaville et, comme lui aussi, si possible, Prix de Rome. Au reste, aucun obstacle à cette vocation qui continuait les traditions de la famille.

Il voulait aller maintenant à l'École des Beaux-Arts ; rien de plus naturel ni de plus facile. M. Boiron avait déjà quitté Lens et sa maison ; il était prêt à s'en éloigner davantage encore et à suivre son fils bien-aimé, son unique affection, sa vie. Tous deux étaient animés de la même foi robuste dans l'avenir.

En conséquence, Boiron contractait un engagement conditionnel d'un an et, son volontariat fait au 73e régiment de ligne, arrivait à Paris.

Il avait dix-neuf ans et déjà parcouru

les deux tiers de sa carrière. Tant à l'atelier que sur nature, il redoublera d'énergie et d'efforts, travaillera sans relâche, s'adonnera tout entier, corps et âme, à l'étude ; et le jour où il touchera à la maîtrise sera son dernier. Dévoré par le feu sacré, il tombera soudain, comme l'arbre frappé par la foudre.

A l'École des Beaux-Arts, Boiron entra dans l'atelier de Lehmann, qui devint successivement l'atelier de Luc-Olivier Merson, de Boulanger et de Bonnat. Sous ces différents maîtres, il resta toujours lui-même et brilla au premier rang, ainsi que l'attestent de nombreuses récompenses.

Il est une autre école par laquelle l'artiste doit passer, sous peine de rester incomplet, ou plutôt de n'être pas, école sans académie, sans dogmes ni pontifes, qui se tient partout et en tout lieu, sous un beau ciel. Boiron le savait et il l'aimait, celle-là, de tout son cœur. Il ne sortait de l'École officielle que pour aller à l'École de la Nature, mère de toute splendeur et de toute beauté, reine du mouvement et de la ligne, air et lumière, modèle sublime avec lequel les plus grands génies se sont mesurés sans l'égaler. Sur les hauteurs de Vaugirard, auprès de son domicile, à Lens surtout où, avec son père, il passait les vacances, c'était une passion, une fièvre, un délire de croquis, de pochades et d'études, que ni conseils ni prières ne pouvaient modérer. A peine, raconte-t-on, rentrait-il pour prendre ses repas et, en mangeant, sa palette d'un côté, de l'autre un bout de toile ou de carton, il cherchait encore à fixer des souvenirs.

Boiron rendait justice à ces premiers essais ; son enthousiasme d'enfant était tombé ; il avait appris et doutait. Ses regards se tournèrent alors vers la capitale de l'Art dans le Nord, vers La Mecque des artistes de la Flandre et de l'Artois.

Il y a environ une heure de chemin de fer de Lens à Courrières, qu'en 1837 un Breton, Boniface Breton, qui signait Breton jeune, a célébré en écrivant son « histoire morale, politique et pittoresque », et que, depuis, Jules et Émile Breton ont fait célèbre. La voie court entre des champs de culture, des constructions bizarres et noires qui sont des puits d'extraction du charbon, d'immenses *corons* aux tuiles rutilantes ou cités de mineurs.

Lorsqu'il aperçut

Un village,
Et son canal sous bois, son chemin de halage,
Ses bâteaux longs et bruns qui sentent le goudron,
Et qui glissent poussés par le lent aviron (1).

(1) Jules Breton, *Jeanne*.

. . . ., Boiron était au terme du voyage qu'il entreprit pendant les vacances de 1881.

Qu'il devait battre le cœur de ce timide, de ce naïf qui ne connut jamais ni les banals compliments, ni les vains salamalecs, monnaie courante de tous les mondes, alors que, sous le bras quelques études, il montait la chaussée qui part de la gare ? Est-ce que tous les barbouilleurs ne s'abattaient pas ici, de trente lieues à la ronde, pour exhiber leurs croûtes et, grands donneurs d'eau bénite, en recevoir à leur tour ? Quoi donc pouvait le distinguer de ces importuns, et qui lui garantir un autre accueil ?

Boiron se présenta chez M. Emile Breton et, fort bien accueilli, se montra lui-même. L'éminent paysagiste qui se souvient avec émotion de cette première entrevue, du coup fut conquis. Eh ! sans doute, ses études n'étaient pas fameuses ; mais, doué et tenace comme il l'était, il devait arriver à bien. Avait-il, d'ailleurs, jamais vu la nature ? Où cela ? Rue Bonaparte, peut-être ! Allons donc, jeune homme, installez-vous devant Elle et, en la regardant, restez vous-même, ni grec ni romain, Boiron tout court !

Cette visite fut bientôt suivie d'une autre plus cordiale encore, dans laquelle le maître et celui qui se considérait déjà comme son élève se donnèrent rendez-vous pour aller, aux prochaines vacances, étudier ensemble par monts et par vaux.

En 1882, Boiron fut, en compagnie de M. Emile Breton, à Lumbres, dans le Pas-de-Calais. On ne peut que le mentionner. Le jeune peintre en était encore au solfège du paysage. Aussi, de retour à

Paris, n'essaya-t-il pas de faire du plein air dans la toile avec laquelle il voulait débuter au Salon et demanda-t-il une inspiration à l'antiquité classique dont il était nourri.

N'était-ce pas hier qu'on voyait dans la Salle 14 du Palais de l'Industrie et fort honorablement placée au second rang, « *l'Esclave pleurant la mort du premier né* (1) ? »

Au fond d'un intérieur suffisamment archaïque et d'un arrangement heureux, une jeune femme au teint cuivré est assise ; sa jambe gauche soutient le torse d'un enfant déjà grandelet dont les pieds reposent à terre. Le cadavre qui était le morceau à faire se développe bien et est modelé avec un incontestable talent. Cette page, écrite d'une main sûre, sans retouches ni fati-

(1) Haut. 1 mètre 40, larg. 1 mètre 86.

gues, partant d'une conservation assurée, est une note unique dans l'œuvre de Boiron.

Après l'ouverture du Salon de 1883, M. Boiron père qui était à Paris depuis quatre ans, rentra à Lens. Son fils était lancé dans la carrière et, tout-à-fait grand garçon, allait voler de ses propres ailes. Séparation nécessaire, fatale, prévue, bien amère et douloureuse cependant. L'un, son existence largement assurée, allait continuer ses études, voyager, visiter les Musées courir le monde ; l'autre, confiné en sa maison, chercha un remède à l'absence, le plus grand des maux, en travaillant pour son fils, en se faisant son collaborateur obscur, anonyme, mais fidèle et constant.

Connaissance faite, à Paris, d'un voisin qui était encadreur, M. Boiron s'était d'abord promené, en curieux, dans ses ateliers ; puis, intéressé par la pratique du métier, il avait endossé la longue blouse et fait un véritable apprentissage. Quelques mois après, le modelage, la dorure et le brunissage n'avaient plus de secrets pour lui.

M. Boiron a encadré toutes les toiles, le plus souvent très importantes, que son fils a exposées ; aujourd'hui encore, de ses mains tremblantes et mouillées de larmes, il encadre, le pauvre père !...

Le mois d'août de l'année 1883 ramena à Lumbres M. Emile Breton et Boiron. Tous deux étaient impatients de se retrouver. Le maître avait vu le fond du noble cœur, de la grande âme, « de la belle et bonne nature ayant l'étincelle de l'avenir (1) » que dérobaient des dehors un peu frustes et voué à son élève une paternelle affec-

(1) Paroles d'Emile Breton sur la tombe de Boiron.

tion. Comment dépeindre, d'autre part, l'amitié respectueuse, le profond attachement, que Boiron témoignait, sans cesse, à M. Emile Breton? L'admiration qu'il professait de son talent, tantôt d'un dramatique si puissant, tantôt si sincère et si vrai? Avec quelle religion il écoutait ses conseils et suivait ses leçons?

Tous les jours que Dieu faisait, le bon Dieu des peintres qui met en fête les prés fleuris, les ruisseaux chuchoteurs, les bois épais, qui revêt les chaumes et les haillons de splendeur, sac au dos, tous deux partaient à l'aventure et travaillaient toute la journée. Et le soir, à l'auberge, quelles longues causeries où l'expérience, pressée de questions, répondait, où chantaient les grands espoirs, les songes dorés qui donnent tant de courage à l'ouvrage et doublent les forces!

En ces jours de calme bonheur, Boiron fit de surprenants progrès qu'attestent particulièrement deux études. La première, une saulaie et quelques chaumières sur les bords d'une rivièrette, est d'un joli caractère, de plus, pleine d'air et de lumière. La seconde (1), des porcs qui pâturent, a été faite pour un tableau qui figura au Salon de 1884, l'*Enfant prodigue* (2) ; c'est un superbe morceau d'une franchise et d'une crânerie remarquables.

Rentré à Lens, Boiron se mit à son tableau qui, il faut le reconnaître, n'eût qu'un succès d'estime au Palais de l'Industrie. Un critique en donna l'appréciation suivante qui paraît encore juste :

« Au pied d'une haute crête à l'herbe lustrée que broutent ses pourceaux le pauvre fou est assis...

(1) Appartient à M. Emile Breton.
(2) Hauteur 2 mètres 80, largeur 2 mètres.

Il voulait revenir, triste et plein de fatigue,
Vers le nid paternel, comme un oiseau blessé,
Et tout près de son père, oublier le passé,
Mais quel accueil peut-on faire à l'enfant prodigue? (1)

« Le malheureux garçon se le demande ; et tout son être, abandonné et fléchissant, dit ses angoisses et son désespoir.

« Pourquoi cette figure d'une réelle beauté de caractère et d'expression, n'a-t-elle pas été plus remarquée ?... Pourquoi ?... C'est qu'elle est perdue dans un cadre immense et de plus écrasée par des verts très observés, très vrais, mais trop puissants. M. Boiron, élève de MM. Hébert, Merson et Emile Breton, a voulu en même temps faire un paysage et une figure classique et satisfaire tous ses maîtres..... Ne savait-il pas que, qui trop embrasse, mal étreint, et qu'on ne peut contenter tout le monde et son père. »

(1) F. Ducros.

En 1884, les deux peintres passèrent quelque temps à Montreuil-sur-Mer et dans ses environs ; puis Boiron tenta de présenter un épisode de la vie de saint Hervé, ermite breton, honoré aux diocèses de Quimper et Léon et de Rennes, sous le nom de *Houarné* ou Harvian. Cette œuvre, moins importante et de plus justes proportions que la précédente, n'eut pas plus de succès au Salon de 1885.

Saint Hervé, écrivit le critique déjà cité, saint Hervé qui vivait vers l'an 568 eût l'âme d'autant plus éclairée des lumières de la grâce et de la connaissance des choses célestes que son corps était privé par la cécité de la vue du soleil et de tout ce qui est sur la terre ; mais il devait, malgré son infirmité, subvenir à ses besoins. La Providence n'abandonna pas celui qui avait placé toute sa confiance en elle et lui envoya un dévoué serviteur. Ce serviteur était ô miracle ! un loup. C'était merveille, dit le légendaire, de voir ce loup vivre en même étable avec les moutons sans leur faire aucun mal, traîner la charrue, porter les faix et faire tout autre service comme une bête domestique.

Saint Hervé, aveugle, labourant avec son loup (1), tel est le spectacle que M. Boiron a entrepris de donner dans une toile de moyenne dimension.

Sur la lisière du champ au milieu duquel croule son humble cabane, l'ermite s'avance, une main à la charrue, l'autre à son bâton, le front tendu vers le ciel.

Le jury a très justement apprécié cette œuvre en la plaçant au second rang, c'est-à-dire, en bonne place. Elle est honnête, consciencieuse, raisonnée, raisonnable,

(1) Hauteur 1 mètre 15, largeur 2 mètres.

trop raisonnable même. M. Boiron est un jeune pourtant. Qu'il jette donc un peu sa palette par-dessus les moulins! C'est si beau la jeunesse et on l'aime tant!

Boiron ne jeta pas sa palette par dessus les moulins, mais adressa un adieu presque définitif aux héros de l'Histoire. En 1886, il exposa *un Soir d'hiver* (1), et *l'Hiver* (2), deux effets de neige avec figures, mais plutôt paysages que tableaux de genre, et, en 1887, il aborda la grande figure moderne et rustique qui, du premier coup, mit son nom en lumière.

L'évolution, bien qu'elle n'ait pas été déterminée par un hasard d'inspiration, fut néanmoins singulièrement servie par les circonstances.

Le rendez-vous pour les vacances de

(1) Hauteur 1 mètre 20, largeur 1 mètre 42.

(2) Hauteur 0 mètre 92, largeur 0 mètre 67.

1886 était à Santes, canton d'Haubourdin, arrondissement de Lille. Dans une de ses courses, M. Emile Breton avait découvert ce village et planté le drapeau de son école à l'estaminet-auberge de « LA PICHOTTE ». Un excellent artiste lillois, M. Henry Labbe, travaillait déjà dans ces parages ; vinrent bientôt deux douaisiens, M. Stiévenard, un jeune peintre, et M. Duhem, un aquarelliste de grand mérite ; puis d'Arras deux amateurs, MM. Dieu et Coëz. Santes, vieux nid de cultivateurs, était devenu un centre d'études, une sorte d'Académie, et était digne, à tous égards, de sa destinée nouvelle.

La partie centrale de la commune, qui comprend l'église, la mairie, les écoles et de nombreux estaminets, n'offre rien de particulier ; mais deux hameaux appelés, l'un la Rache, et l'autre le Cornet, sont d'un pittoresque merveilleux. C'est, sur des fonds boisés, une terre basse et marécageuse, sillonnée par cent déversoirs ou fossés qui communiquent entr'eux, une sorte de Venise rustique et ses canaux. Çà et là, au milieu de verdoyants îlots, s'élèvent les habitations, constructions préhistoriques en bois et en torchis coiffées d'un chaume monumental. Pas une masure. Les maisons, gaiement, se carrent au soleil, derrière la mare et le fumier, blanches et noires, comme de cossues petites vieilles mitrées de velours. Une végétation exubérante surgit de toutes parts.

Il y a quinze ou vingt ans encore, le cheval était inconnu à la Rache et au Cornet. En barque on allait aux champs ; en barque on rentrait la récolte ; en barque on allait au marché, de fossé en fossé gagnant la Deûle, puis Lille. A la suite de travaux de desséchement, la navigation est devenue difficile ; pour étendre son lopin, le paysan s'est empressé de combler ; la brouette a remplacé le bâteau ; cependant le pays n'a presque rien perdu de sa rareté.

La culture est aussi fort curieuse. Aucune de ces grandes et pesantes machines bardées de fer, *binots, brabants, herses, rouleaux,* que les attelages traînent en Artois ; l'homme, réduit à ses seules forces, a un matériel à sa taille, un matériel minuscule qui frappe et, par comparaison, stupéfie.

Santes fit sur l'enfant de l'industrielle plaine de Lens, une impression profonde que ni la Belgique, ni même l'Espagne, visitées plus tard, ne devaient effacer. Il parcourait le village en tous sens, entrait dans les manoirs, et ne pouvait rassasier ses yeux. Ah ! que c'était beau !

Si l'on trouvait des modèles, quels ta bleaux il allait faire !

Boiron trouva des modèles, entr'autres, Sophie, une brave et superbe fille, avec laquelle il exécuta la composition qui, sous le titre de : *A la ferme* (1), fit véritablement sensation au Salon de 1887. Sensation, bien entendu, non pas dans le grand public, mais dans le petit monde des vrais artistes, des amateurs, des chercheurs, qui parfois haussent les épaules devant le chef-d'œuvre du jour et apprécient la peinture d'un inconnu.

A la ferme, fut-il dit dans une revue du Salon, c'est tout simplement une jeune fille, grandeur presque nature, qui dans la basse-cour distribue du grain à la volaille ; rien de plus, et voilà une des plus vigoureuses, une des plus grasses, une des

(1) Haut. 1 mètre 69, largeur 1 mètre 40.

plus friandes peintures de cette année.

Puissant dans l'ensemble, précis dans les détails, *A la ferme* sonne sur la cimaise comme une fanfare.

Nombre de journaux mentionnèrent avec éloges le tableau de Boiron et ce n'était que justice. *A la ferme* reste une des perles de son œuvre. Il a été plus grand, plus puissant ; ailleurs, il a ouvert de plus larges ailes et s'est élevé davantage ; il n'a rien fait de mieux comme ligne, comme mouvement, rien de plus fin.

Au même salon, figurait *la mort de Lefebvre d'Ormesson*,(1) dernière et peu heureuse incursion dans le domaine de l'Histoire. La toile ne manque pas de qualités, mais quel sujet !...... « Lefebvre d'Ormesson (2), président à la Cour des

(1) Haut. 1 mètre 92, larg. 3 mètres.

(2) Notice au catalogue du Salon de 1887.

Comptes, revenant d'Eaux-Bonnes à Paris, voulut, en arrivant à la porte Saint-Martin, aller visiter le Gibet qui se trouvait près de là. Il s'y rendait seul, lorsque les grands chiens qu'entretenait le service de la voirie se ruèrent sur son cheval et l'effrayèrent tellement qu'il se cabra ; le malheureux président fut jeté par terre et se brisa le crâne contre une pierre. »

En 1887, Boiron arrivait à Santes, plein d'ardeur et de foi en lui-même, impatient de donner enfin sa mesure. *A la ferme* lui avait mis le pied à l'étrier ; il ne s'agissait plus que de sauter en croupe et de courir sus aux médailles et au succès. L'heure était décisive. Il se mit au travail.

On était en pleine moisson. La faux passait, comme un éclair, dans les blés mûrs et les couchait par terre ; moissonneurs et moissonneuses ramassaient les gerbes, alignaient les dizeaux, ou se reposaient. Dans les manoirs, à l'ombre des étables, le glui était tordu en lien, ou le grain nouveau préparé pour la vente. Boiron entreprit de représenter une des besognes de la ferme et le repos aux champs.

Dans la cour d'une humble métairie
Avec son chaume noir tout fleuri d'herbes [grasses (1),
Père, mère, enfants sont à l'ouvrage.

Le van donne enfin le pur froment. Le maître du logis met la machine en mouvement et sa femme y verse le grain. Devant, agenouillée, la fille aînée édifie le tas doré qui a coûté tant de labeurs. A droite, en second plan, le *fieu* et la cadette ensachent... C'est le *vannage* (2).

Au milieu d'une éteule qui arde au so-

(1) Jules Breton, Jeanne.
(2) Haut. 2 m. 90, larg. 3 m. 20.

leil, deux fillettes se reposent. L'une mange, une écuelle sur les genoux ; l'autre, allongée, fait un somme... C'est *le goûter* (1).

Ces deux toiles menées à bien et terminées, Boiron les soumit, à Courrières, au jugement de l'auteur de JEANNE, au jugement de son maître et de M. Louis Breton, un artiste, lui aussi, et admis au Salon de 1879 sous le pseudonyme de Noterb. Concert de félicitations et d'éloges. L'effort et le résultat, flagrants, éclateraient à tous les yeux.

A Santes, Boiron s'était surmené, comme il le faisait trop souvent, comme il ne devait plus le faire un long temps, sans en subir la peine et, de retour à Paris, il partait pour l'Espagne avec son meilleur, son plus intime ami, Eugène Chigot, qui avait obtenu au dernier Salon une

(1) Haut. 1 m. 42, larg. 1 m. 92.

troisième médaille et une bourse de voyage.

Deux ans ne sont pas encore écoulés et ce voyage que Boiron aimait à raconter, qui tenait une grande place dans sa mémoire, n'est plus qu'un point dans le récit de sa vie ; il n'en reste que les souvenirs attristés de son dévoué compagnon de route et nombres d'études vives, enlevées et, pour la plupart, très intéressantes.

Au départ, Boiron, tout entier à la joie de voir et de voir toujours, retrouva des forces nouvelles et déploya une activité fébrile. Son enthousiasme n'avait pas de bornes. Ah ! Les Vélasquez, les Goya de Madrid, les Murillo de Séville, quels chefs-d'œuvre qu'il ne pouvait assez admirer ! Partout, quelle nature, quels sites, quels types ! Chaque jour, les albums, les toiles se couvraient ; presque chaque nuit, on voyageait en chemin de fer ou, sac au dos, sous le ciel étoilé.

Le retour fut pénible et précipité. Tombée la fièvre qui le soutenait, Boiron ressentit une lassitude générale, un profond malaise ; traînant l'aile et tirant le pied, vraisemblablement il rapportait le germe du mal qui devait l'emporter. A Paris, en outre, l'attendaient de cruels déboires, de terribles souffrances morales, la ruine des plus légitimes espérances et un évident déni de justice.

A l'ouverture du Salon de 1888, Boiron avait toutes raisons de ne pas douter du succès. Il savait que *le vannage*, le plus important de ses envois et celui qui faisait le plus image, était en bonne place ; il le savait pour avoir été admis, au Palais de l'Industrie, à mettre cette toile au point de la salle où elle se trouvait.

Durant le mois de mai, *le vannage* fut reproduit par plusieurs publications illustrées et loué dans de nombreux journaux de Paris et de province.

Des membres du jury affirmaient que la médaille était acquise.

M. Émile Breton, tous les amis de Boiron et Boiron lui-même attendaient avec pleine et entière confiance la liste des récompenses.

Elle parut enfin.

Rien ! Rien ! Pas même une mention honorable.

Au vote des troisièmes médailles, Boiron n'avait eu que 22 voix sur 23, montant de la majorité, et on avait oublié de lui décerner la mention honorable qui lui appartenait de plein droit.

Tant d'infortune le bouleversa. La coupe était tellement amère qu'il ne se rasséréna jamais complètement. Peu de temps après, d'ailleurs, sa santé chancela.

En Août, Boiron composait, à Santes un nouveau poëme rustique, *la fête de grand-père ;* concurremment, il faisait, à Lille, des portraits. La besogne de la ville était facile ; celle du village, pénible et lente. La toile ne voulait pas venir, ni même se mettre en train. Pendant plusieurs jours, il restait aux prises avec de sérieuses difficultés et désespérait de les vaincre. Un matin, au lever, une prostration soudaine l'envahit, accompagnée d'un commencement de paralysie du côté gauche.

Boiron ne perdit pas connaissance et recommanda de ne pas alarmer son père. Au surplus, qu'est-ce qu'il avait eu? Rien ou presque rien, un simple étourdissement. Mais sa jambe, mais son bras lui obéirait, quand il le voudrait.... Presque immédiatement, en effet, il se traîna jusqu'au Cornet et, bientôt, reprit son tableau.

En Novembre, il faisait à Osny, près Pontoise, dans une vieille église du XIIIe siècle, deux études dont la principale, deux enfants de chœur chantant au lutrin, est remarquable. Il était de nouveau en possession de tous ses moyens.

Que lui disaient donc à Santes les prophètes de malheur qui lui conseillaient de moins travailler ! Est-ce que ce n'était pas le travail qui l'avait remis sur pied et guéri ? Allons, allons, à l'ouvrage !

En Février 1889, Boiron requérait son inscription pour les concours du Prix de Rome et, le 4 Mars, à l'Ecole des Beaux-Arts, pinceaux et palettes en main, devant son chevalet, foudroyé par une attaque d'apoplexie, il rendait le dernier soupir. Soldat de l'Art, il mourait au champ d'honneur.

L'épouvantable destinée de Boiron justifierait toutes les indulgences, mais sa mémoire est de celles qui, sans crainte, peuvent comparaître devant la sincère et impartiale Histoire.

Au cimetière de Lens, au cours d'une chaleureuse et touchante improvisation, M. Emile Breton a dit que son élève bien-aimé était un artiste de courage, de talent et d'avenir ; on ne saurait peindre d'une façon plus précise, ni plus complète, l'arrière petit-fils de Louis Delaville.

Sa passion, son culte du travail l'ont prématurément conduit au tombeau ; mais il avait signé déjà nombre d'œuvres de haute valeur.

Les qualités de premier ordre qui distinguent *l'Esclave pleurant le premier-né*, *l'Enfant prodigue*, *Saint-Hervé labourant avec son loup*, et surtout *A la Ferme*, ont été mises en relief. *Le Vannage* et *le Goûter* sont d'une indiscutable puissance. Quel savoir dans la mise en place, dans le dessin, dans le mouvement des cinq personnes groupées dans la cour! Quel expression dans la physionomie du vanneur! Une lumière moins égale, un rayon quelque part, une étincelle, un rien, et quel tableau que *le Vannage!*

Le Goûter se rapproche peut-être plus encore de l'idéal de vie et de vérité que poursuivait Boiron. Réserve faite de certaine raideur dans la figure allongée sur le sol, le critique le plus sévère est charmé. Combien juste et réelle la fillette assise! N'est-ce pas le modèle lui-même, sous le lourd soleil d'Août, au milieu de l'éteule roussie? L'exécution rappelle en plus d'un endroit la perfection de Bastien-Lepage dans *les Foins*.

La fête de grand-père, bien que faite dans les pires conditions de santé, n'est pas indigne de son auteur.

En vérité, lorsque, avant sa trentième année, un peintre a créé de toutes pièces et mis au monde de semblables pages, on peut affirmer qu'il aurait été un grand artiste glorieux. Ce n'est pas tout. Un pastel et une peinture inédits, en outre, deux études de Santes, donnent une si pleine, si entière, si absolue sensation d'art que le mot de chef-d'œuvre vient aux lèvres.

Le pastel est une étude de nu grandeur nature. Une jeune femme aux membres graciles, une rousse flamboyante, est accroupie sur son lit et raccommode son dernier vêtement. L'académie est d'une parfaite distinction, l'ensemble d'une tonalité ravissante. Le jury du Salon de 1889 auquel cette œuvre était destinée aurait, sans aucun doute, réparé son erreur et son oubli si regrettables de l'an passé.

La peinture représente un effet de nuit. Sous les rayons de la lune, une rue s'allonge, fluide, transparente, argentée. Parmi les frais lilas, les renaissants feuillages, le printemps chante son hymne.

Les études de Santes ont été faites au déclin du jour, à cette heure mystérieuse où le soleil disparaît à l'horizon, heure si lumineuse et vibrante. Dans l'une, l'ineffable sérénité, la paix divine du soir descendent sur les arbres, sur les chaumes, sur les champs chargés de récoltes. Dans l'autre, une jeune paysanne, figure du plus beau style, vivante poésie, chargée d'une blonde gerbe, rentre au village. Toutes deux, impressions émues, comme le nocturne printanier, baignent l'âme d'une délicieuse et profonde émotion.

Ah ! combien précieuses sont ces toiles ? Avec quelle force de certitude elles permettent de proclamer que leur auteur se serait élevé aux plus hauts sommets de l'Art.

Le vannage, le goûter prouvent que Boiron avait, par un incessant labeur, donné un entier développement aux plus beaux dons de nature ; ils prouvent encore que son faire robuste, énergique, prenait de la souplesse et de la grâce. On sait, de plus, maintenant, qu'il avait quelque chose sous la mamelle gauche et pouvait se frapper le cœur où est le génie.

Boiron aurait, vraisemblablement, persévéré dans la voie rustique qu'il avait trouvée à Santes ; il aimait trop son village, ses chaumes, ses paysans, pour les abandonner sans retour. Mais un jour aussi, des préoccupations et des recherches l'attestent, il eut célébré le travail des villes noires, la mine et les mineurs, et le charbon. Lens aurait eu son peintre, et ce peintre eût été son enfant si regretté, tant pleuré.

Il était fils soumis et reconnaissant, camarade dévoué, simple et bon, modeste jusqu'à la timidité, adoré de tous ; pourtant, si l'on osait accuser l'éternelle justice ! sa mort est pareille à celle de l'impie orgueilleux, et de lui aussi on peut dire avec le psalmiste : *sic transivi et ecce non erat.*

Je n'ai fait que passer, il n'était déjà plus.

APPENDICE

M. Boiron, Alexandre-Emile, né le 26 Mai, 1859, à Lens (Pas-de-Calais). Elève de Lehmann, Hébert, Olivier-Merson et Emile Breton, a obtenu les récompenses suivantes :

12 Août 1879	Reçu 21e sur 70 élèves admis dans la section de peinture.
20 Novembre 1879	3e médaille en dessin d'ornements.
13 Janvier 1880	3e médaille en figure dessinée d'après nature.
5 Avril 1880.	Mention en perspective.
22 Septembre 1880	Mention pour travaux d'atelier.
16 Octobre 1880	Mention en archéologie romaine.

11 Janvier 1881	3e médaille sur esquisse.
1er Février 1881.	3e médaille sur figure dessinée d'après l'antique.
15 Mars 1881	Admis 8e à la grande figure du concours semestriel qui compte parmi les plus importants de l'École.
21 Avril 1881	Mention en archéologie grecque.
20 Juillet 1881	Mention aux travaux d'atelier.
15 Octobre 1881	Admis 4e à la grande figure du concours semestriel.
13 Octobre 1882	Médaille en archéologie grecque.
17 Octobre 1883	Admis premier à la grande figure peinte du concours semestriel.
22 Octobre 1883	2e prix au concours semestriel.
15 Octobre 1884	Admis 4e à la grande figure du concours semestriel.
9 Mars 1886	Admis 3e à la grande figure du concours semestriel.
26 Mars 1886	Admis 2e au second concours d'essai pour le Grand Prix de Rome.
19 Octobre 1886	3e prix au concours semestriel.

1er Avril 1887	Admis au second concours d'essai pour le Grand Prix de Rome.
18 Octobre 1887	Admis 5e à la grande figure peinte du concours semestriel.

Certifié conforme aux registres de l'Ecole.

Paris, le 11 Avril 1889,

Le Directeur de l'Ecole, membre de l'Institut.

P. Dubois.

Arras. — Imp. Sueur-Charruey.

www.ingramcontent.com/pod-product-compliance
Lightning Source LLC
LaVergne TN
LVHW010002230826
846092LV00002B/615
9782329351469